D'UNE DES FACES

DE LA

SITUATION ACTUELLE.

D'UNE DES FACES

DE LA

SITUATION ACTUELLE.

PARIS,

IMPRIMERIE DE E. DUVERGER,

RUE DE VERNEUIL, N° 4.

1839

SITUATION ACTUELLE.

Dans un de ses drames, Alexandre Dumas met en présence les deux chefs des factions d'Armagnac et de Bourgogne; ils s'irritent, ils s'injurient. La colère dans les yeux, la menace à la bouche : « Vive Armagnac ! » crie l'un : « Vive Bourgogne ! » crie l'autre; lorsque tout à coup un grand vieillard s'avance entre eux : « Eh ! qui donc, dit-il, criera vive France? »

Cette scène d'un drame, c'est l'histoire de notre situation présente. Nous aussi, au moment où les esprits politiques, partagés en deux camps, attaquent ou défendent avec pas-

sion un ministère, et, s'abandonnant à la polé-
mique des partis qui préfèrent frapper fort plutôt que de frapper juste, se servent de l'inviola-
bilité de la royauté, les uns comme d'un bouclier,
les autres comme d'une épée ; nous, indifférents
aux calculs d'ambition personnelle, aux intérêts
privés qui trop souvent se cachent derrière les
doctrines politiques les plus populaires, nous dirons à notre tour : « Qui donc élèvera la voix, qui
donc se fera l'écho de ceux qui aiment trop leur
pays, qui ont trop de foi dans sa grandeur pour
croire son bonheur nécessairement attaché au
succès de tel ou tel homme d'état, qui donc, au
milieu des mots de *ministère insuffisant* ou de
coalition, viendra jeter ces deux grands mots :
La royauté, la France ?

Et d'abord, dans ce grave conflit qui s'est élevé
autour de nous, au milieu de ces brillants com-
bats de tribune où chaque orateur semblait
disputer le prix d'un tournoi de paroles et s'occuper à faire briller son adresse à porter ou à
parer des coups dangereux, à ruiner son ad-

versaire ou à se hausser sur un piédestal, sans s'occuper s'il n'y avait pas en jeu des intérêts plus grands que la chute ou l'élévation d'un homme, le fait qui nous a le plus frappés, affligés même, c'est de voir avec quelle étroitesse d'idées, avec quel défaut de profondeur et de portée dans l'esprit ont été appréciés les évènements par une immense partie des juges du camp, par ceux-là même dont la boule, jetée dans l'urne, donnait la victoire à un système. Eh quoi! au sein d'un bonheur matériel inespéré, sans aucune de ces catastrophes politiques qui remuent l'ordre social, sans secousses apparentes, après six mois d'interruption des débats parlementaires, une Chambre se rassemble, Chambre qui, dans une session précédente, avait déjà donné au pouvoir des gages d'attachement, nous dirons presque de passion pour l'ordre et le repos ; cette Chambre nomme une commission, et de cette commission sort un de ces projets d'adresse qui préparent une révolution quand ils ne la font pas éclater de suite !

Et lorsque l'on attaque une des colonnes les plus solides de notre édifice politique, lorsque la base de notre état social, lorsque le pouvoir royal lui-même est mis en cause, lisez les journaux qui vont porter d'un bout de la France à l'autre une opinion toute faite à l'usage de leurs abonnés, écoutez les députés qui sortent des séances de la chambre, et vous les verrez se préoccuper, chacun dans la nuance de son opinion, de l'âpreté éloquente de l'un, de la noblesse un peu emphatique de langage de l'autre, de l'habileté merveilleuse avec laquelle celui-ci tourne une position difficile, enfin du sang-froid, de l'aplomb et de la convenance avec laquelle celui-là est venu défendre le pouvoir qu'on veut lui ravir. Mais de tout ce qu'il y a de grave et de sinistre pour l'avenir au fond de ce qu'ils envisagent comme une question de portefeuille, de ce qu'il y a de périlleux à agiter, huit années à peine après une révolution, cette grande question de la pondération des pouvoirs constitutionnels, on en parle à peine, on l'oublie peut-être, et puis on se réunit en clubs politiques pour prouver que, si, avec cinq voix, une majorité n'a pu réussir à donner la vie à un ministère, elle peut du moins avoir la triste consolation d'empêcher un autre ministère de se former ou de vivre.

Nous savons bien qu'il est déjà un peu tard pour s'emparer d'une adresse qui a donné lieu à une discussion de quinze jours, qu'après l'innombrable quantité de discours prononcés pour et contre, chaque parole a été commentée, dénaturée, expliquée, rétablie dans son sens primitif, et qu'il y aurait de la présomption à vouloir apprendre encore aux lecteurs des débats politiques quelque chose à ce sujet, nous savons qu'en l'appelant *adresse révolutionnaire* nous avons l'air de nous faire l'écho de la presse ministérielle, et d'accuser ceux qui l'ont redigée ou inspirée; tel n'est pas notre but. Nous n'avons pas voulu blâmer, mais constater un fait. Notre but n'est pas en ce moment de dire qui a tort ou qui a raison; ce qui nous semble nécessaire, c'est d'appeler sur la gravité de la situation présente l'attention de tous ceux qui aiment leur pays, pour que du moins tant de dangereuses paroles aient pour résultat de faire secouer aux esprits éclairés la léthargie dans laquelle ils étaient plongés. Dans la situation présente, une seule chose nous frappe : ce n'est pas que l'on en soit venu à discuter si le pouvoir royal n'est pas sorti de ses limites, ce n'est pas de savoir si la victoire, qui ressemble tant à une défaite, du ministère de M. Molé est utile au pays, ce n'est pas d'apprécier la profondeur du danger qu'il y a à voir la moitié, moins cinq ou six voix, de la Chambre des députés, déclarer pendant quinze jours consécutifs que le pouvoir a manqué à sa mission, un autre jour nous aborderons ces questions, mais ce qui nous frappe, c'est que les intérêts ne se soient pas émus, c'est que la Bourse de Paris soit restée presque sans fluctuation, c'est qu'enfin le public n'ait vu qu'une question de personnes dans une lutte qui a ouvert l'arène politique aux passions qui détruisent.

Ce fait, on ne pourra le nier. On reconnaîtra peut-être avec nous tout ce qu'il a de dangereux, en ce sens, que lorsque les bons citoyens dorment, les mauvais ont le champ libre. Mais quel en est le remède, quelle en est l'origine ? Le remède, les hommes d'état que la France possède le trouveront peut-être ; l'origine, nous allons tâcher de la faire connaître, persuadés que nous rendrons un service au pays , car on guérit plus facilement un mal dont on connaît la cause.

Au moment d'aborder ce sujet nous avons été saisis d'un scrupule ; c'est un aveu que nous devons faire. Nous sommes partisans sincères du gouvernement de juillet et de la pensée qui préside à la direction politique de la France ; aussi nous a-t-il semblé pénible de prendre le rôle d'accusateur du système de gouvernement qui nous régit ; mais nous croyons que le devoir d'un ami sincère et dévoué, c'est de nous avertir quand nous entrons dans une fausse route, dût-il nous déplaire.

C'est donc au Gouvernement que nous imputons le tort de l'apathie politique de la France actuelle, non au gouvernement du 13 mars, du 6 septembre et de toutes les dates qui se sont succédées si rapidement; c'est à l'esprit qui a présidé à tous ces ministères que nous nous adressons. La faute que nous lui reprochons, la faute dont les conséquences peuvent lui être si funestes, c'est d'avoir fait prédominer sur tous les autres sentiments la préoccupation des intérêts matériels.

« Mais quoi! va-t-on s'écrier, y pensez-vous? mais c'est toucher l'arche sainte; l'intérêt matériel! mais c'est cela qui nous a sauvés du renouvellement des horreurs de 93 ; l'intérêt matériel! c'est le gage assuré du repos et de la tranquillité; l'homme qui pense à ses affaires n'est jamais brouillon ni turbulent. » Cette objection, nous en reconnaissons la justesse; le fonds en est vrai, sensé; mais nous en nions les suites lorsque l'on veut les pousser à l'extrême. Nos régulateurs des destinées humaines devraient bien quelquefois penser que ce n'est pas tout qu'une bonne idée, et que souvent rien n'est moins logique que d'en déduire mathématiquement les conséquences. Si la matière gouvernementale était une matière inerte, sans mouvements passionnés, sans préjugés profondément enracinés, oh! alors, au lieu d'hommes d'état nous n'aurions besoin que de professeurs de mathématiques politiques. Tel fait se présente, donc tel autre le suivra; tel principe est bon, donc on en tirera, en l'appliquant, tel avantage; et puis, le calcul terminé, tout serait pour le mieux dans le meilleur des mondes possibles.

Il n'en est malheureusement pas ainsi; les nations, que les gouvernements ont mission de rendre heureuses, ne sont autre chose qu'une agrégation d'hommes, c'est-à-dire de passions brutales, d'intérêts opposés, variables comme le vent qui souffle, prompts à se déplacer, chez qui le bien comme le mal changent de nom à tout moment, et dont le chef, semblable à un médecin habile, doit interroger le tempérament politique jour par jour, heure par heure, pour voir si le principe qu'hier il a posé, l'intérêt nouveau qu'il a développé, n'est pas déjà sorti de ses limites ; si tel ordre d'idées, qui donnait des gages de paix et de tranquillité générale, n'a pas besoin d'être momentanément ralenti dans ses effets, de peur qu'il n'aille au-delà du but que l'on se proposait. Eh bien ! nous disons que cette idée, de la nécessité de faire prédominer les intérêts matériels, a produit les bons effets que l'on pouvait en attendre, mais qu'il serait dangereux de lui laisser prendre la trop grande extension qu'avec notre esprit extrême en tout nous ne sommes que trop disposés à lui donner.

Certes, nous sommes prêts à convenir que, dans un état de société établi sur des bases solides, lorsqu'un gouvernement éclairé a répandu dans toutes les classes le bienfait d'une éducation libérale, lorsque pendant une longue suite d'années chaque intérêt a reconnu que la loi lui accordait aide et protection, lorsque la limite des pouvoirs et des distinctions politiques est posée par l'expérience des siècles d'une manière assez stable pour qu'elle semble à l'abri de toute attaque, alors nous approuverions qu'un gouvernement sage, sentant qu'à l'intérieur l'énergie politique n'a plus à constituer, cherchât à l'assoupir, de peur que, ne trouvant plus de quoi s'occuper en construisant, elle ne s'occupât à détruire; alors, dis-je, nous concevrions qu'un gouvernement voulût la diriger vers le culte des intérêts matériels et l'employer à l'extension du bien-être physique des masses; mais en sommes-nous là? Hélas! nous le disons avec regret, bien des années encore s'écouleront avant que la France puisse jouir de ce bonheur.

Nous autres Français, ambitieux de gloire et de toute espèce de distinctions, prêts aux plus grands sacrifices pourvu que l'on nous remarque dans la foule, que l'on fasse un appel à nos sentiments d'honneur, de générosité, nous sommes électrisés; non-seulement nous ne calculons pas, mais nous ne voyons pas dans le premier moment les sacrifices que l'on nous demande. C'est là, sans doute, un puissant levier entre les mains de l'homme d'état ; mais aussi, semblables aux flots de la mer, après notre flux de bonnes qualités arrive nécessairement un reflux de défauts opposés ; le moment d'exaltation passé, nous retombons lourdement dans tous les inconvénients des imaginations mobiles, c'est-à-dire extrêmes. Les distinctions que nous recherchions avec tant d'ardeur, nous ne pardonnons pas à d'autres de les avoir obtenues. Dans un système de gouvernement qui laisse une porte ouverte à l'ambition, même la plus désordonnée, nous ne voulons pas reconnaître que d'autres aient eu le droit d'arriver avant nous. Et de là, une lutte sourde, mais acharnée, qui, depuis la classe la plus infime jusqu'à la classe la plus élevée de la société, tend à faire redescendre à notre niveau tout ce qui semble le dépasser. Si nous nous promenions comme Tarquin dans un champ de pavots, à force d'abattre les fleurs les plus élevées, nous ne laisserions bientôt plus que les tiges. Eh

bien! si ce sentiment de dépréciation est profondément enraciné chez nous, comment le pouvoir
dirigeant peut-il le combattre? n'est-ce pas en
mettant en mouvement les idées généreuses, qui
seules moralisent les nations? Au lieu de cela il
divinise l'intérêt matériel, c'est-à-dire l'intérêt
égoïste, l'intérêt de l'argent, qui ne peut s'ac-
croître qu'aux dépens du voisin.

Lorsqu'arriva la révolution de juillet, pendant
quinze ans on avait fait retentir à nos oreilles
les noms de liberté, charte, constitution; on
avait fait rougir notre amour-propre en nous
représentant le rôle secondaire que nous jouions
en Europe; on nous avait parlé de notre gloire
passée; par un mouvement spontané la popula-
tion entière crut ressaisir tout cela, et, il faut le
dire à l'honneur d'un peuple qui seul peut-être
pouvait donner cet exemple, la nation française,
satisfaite de ses conquêtes morales, s'arrêta avec
respect devant les droits de propriété de chacun.
Le mouvement une fois régularisé, l'ordre une
fois rétabli dans nos rouages politiques, cette fiè-

vre de sentiments honorables devait subir une réaction; rentrés dans leurs foyers, les vainqueurs se demandèrent si la force qui leur avait fait conquérir des libertés politiques ne pouvait pas aussi leur servir à améliorer leur bien-être physique; alors commença la lutte entre ceux qui ne possèdent pas et ceux qui possèdent. Que devait faire le Gouvernement? ce qu'il fit; il s'appuya sur la propriété. Après le triomphe des idées purement spéculatives, il pensa qu'il devait chercher son point d'appui dans les idées de famille; il fit sentir à tous ceux qui possédaient, que le seul moyen de conserver leur bien-être, celui de leurs enfants, c'était de s'unir à lui pour résister aux passions spoliatrices. Il fut écouté, et si bien écouté que, grâce au fractionnement infini de la propriété, les paysans des provinces de l'Ouest elles-mêmes, cette terre classique de l'enthousiasme royaliste, virent sans s'émouvoir le drapeau blanc flotter sur leurs clochers, craignant que la guerre civile ne vînt les troubler dans la culture de leur patrimoine.

Jusque-là tout est bien; mais ici commencent les reproches que l'on adresse au Gouvernement. De toutes les passions humaines, les passions cupides sont les plus faciles à développer. Aussi, lorsque l'on eut exalté aux yeux du propriétaire le bonheur de sa condition, lorsqu'on lui eut fait considérer comme le pire de tous les maux, non pas même la perte de ses jouissances, mais le moindre trouble apporté dans ses jouissances, lorsque, pour l'empêcher de prêter l'oreille aux mots séduisants de liberté, d'affranchissement des nations, de droits du peuple, on lui eut longtemps répété que la liberté ne lui donnerait pas du pain le lendemain, et que le peuple affranchi commencerait par lui prendre son champ ou sa maison, il devint fanatique de son bien. Trop heureux encore s'il s'était tenu dans ces limites! Mais c'est ici que le danger commença.

Ce que nous voulons en France, c'est l'égalité. Quand il y avait encore des priviléges féodaux, des priviléges politiques, c'est de ceux-là que l'on était envieux; ceux-là, il fallait à toute force les détruire faute de pouvoir y atteindre; mais maintenant que la propriété a tout remplacé, honneurs, priviléges, distinctions, combien elle a grandi aux yeux de ceux qui n'en ont qu'une part trop minime pour profiter de tous ses avantages! Aussi, les esprits se sont tournés vers ce but; toutes les capacités tendent à amasser de l'argent. Passe encore si l'on se disait: «Mon voisin est riche, je vais tâcher d'atteindre au même point.» Mais parcourez nos provinces : s'il existe encore quelque débris de ces anciennes existences dont le patronage faisait vivre la contrée environnante, si un homme habile a jeté, au prix de longs et pénibles travaux, les fondements d'une fortune un peu marquante, c'est pour tous un objet de haine et d'envie. La capacité, le mérite! nos populations ont désappris la valeur de ces mots. Il faut entraver l'homme riche dans le bien qu'il veut faire, il faut détruire son influence de peur qu'il ne soit plus utile qu'un autre, puis, tout en cherchant à nuire à cet objet de la haine générale, chacun veut l'imiter. De là les spéculations folles, de là les fortunes engagées dans les entreprises les plus hasardeuses; car elles promettent d'enrichir promptement. Puis alors, parlez des garanties sociales, parlez des libertés publiques, parlez de chances de guerre! qui vous écoutera? Qu'un ministère gouverne bien ou mal, il faut qu'il reste, car on a besoin de tranquillité; qu'il fasse des fautes, qu'importe si l'on est tranquille, dût le contre-coup en être terrible; que les gens les plus importants de la nation s'inquiètent de tel ou tel système, qu'ils montent à la tribune pour en faire sentir les fâcheuses conséquences, ce sont des factieux, ce sont des brouillons. Du repos, de la stabilité, il en faut à tout prix. Semblables à ces prodigues qui mangent en un an le capital de leur fortune, pour éviter des inquiétudes momentanées nous voulons dévorer notre bonheur à venir, et nous regardons comme nos ennemis ceux qui cherchent à nous ouvrir les yeux.

Au lieu de fortifier ces penchants dans les gens qui possèdent et qui sacrifient à leur insu le repos du lendemain au repos du jour, le pouvoir ne devrait-il pas éveiller leur sollici-tude sur les dangers d'un tel système, car les intérêts bien entendus du pouvoir doivent se confondre avec les intérêts de tous? Mais nous, nous prendrons sa mission, et nous dirons à ces gens si imprévoyants : « Ne voyez-vous pas que ces droits politiques, si on les a mis entre vos mains, c'est pour que, sentinelles attentives, vous ne cessiez pas un moment d'a-voir l'œil ouvert sur la marche gouvernemen-tale? Pendant que vous vous laissez assez absor-ber par vos préoccupations industrielles pour être sourds à tous les bruits du dehors, vous ne pensez pas que la machine politique marche tou-jours, et qu'elle est faite de telle sorte que, faute de contre-poids, elle peut dévier de sa route. Vous vous endormez confiants dans le pouvoir quel qu'il soit qui vous a donné la paix; mais cette paix, s'il a pu vous la donner, c'est que vous l'avez aidé à la conquérir. Maintenant qu'il est seul, abandonné à ses propres forces, ses efforts doivent être plus grands; il faut qu'il donne une extension exagérée à sa sphère d'influence, et alors ses ennemis, qui sont aussi les vôtres, en profitent. A l'aide de votre apathie, ils s'agitent, se remuent; l'influence que vous perdez, ils la conquièrent; ils murmurent à l'oreille des populations indigentes des paroles séductrices; ils vous montrent absorbés dans des calculs d'intérêts matériels et manquant à votre mission d'éclairer et de moraliser les classes inférieures; ils leur font honte d'abandonner le pouvoir entre des mains qui le laissent dépérir sans en user; ils leur demandent si elles ne seraient pas aussi bonnes que vous à le manier aussi mollement, et vous n'êtes plus là pour combattre ces doctrines fâcheuses. Indifférents pour exercer votre mission protectrice, vous serez bientôt indifférents pour la défendre. Et puis, lorsque le pouvoir, obligé de réprimer seul ces tentatives que votre appui de tous les instants l'aidait autrefois à empêcher, semble sortir de ses limites et effraie ceux de ses partisans qui craignent qu'il ne soit entraîné trop loin, vous vous indignez que des hommes d'état veuillent l'arrêter sur le bord de l'abîme, et l'empêcher de se trouver face à face avec les passions démocratiques, sans que vous soyez là pour amortir les coups. »

Si la classe moyenne en est venue à ce point d'apathie, ce n'est pas elle qu'il en faut accuser, c'est bien plutôt ceux qui ont mission de la diriger. On lui avait montré une route, elle l'a suivie. Mais maintenant que nous avons tâché d'en faire sentir les inconvénients, puisse notre voix être écoutée ! C'est au Gouvernement, par des mesures habiles, à mettre en jeu les passions généreuses, à donner des espérances de succès et d'honneurs aux capacités morales, à leur faire, à côté des riches, une place assez large pour qu'elles puissent se mouvoir à leur aise et être intéressées elles aussi, par les avantages qu'elles y trouvent, au maintien du système qui nous régit; il faut enfin qu'il fasse sentir à ceux qui mainte-

nant sont en possession de nommer les manda-
taires de la nation, qu'il ne leur est pas permis,
sans danger pour eux-mêmes, d'abdiquer leur
influence, et qu'ils ne peuvent la conserver qu'en
montrant qu'ils sont les gardiens vigilants de la
chose publique; que le seul moyen d'empêcher
que la royauté ne soit de nouveau en butte aux
accusations des partis, c'est de prouver que l'appui qu'ils lui prêtent est un appui raisonné, prêt
à repousser ses envahissements comme à la défendre contre ses ennemis; alors seulement leur
secours sera puissant. Mais hâtons-nous, car
quelques années encore de cette fièvre de pros-
périté matérielle et d'améliorations subites de
positions, et nous en arriverons à ce point dangereux pour les nations, où la difficulté n'est
plus d'acquérir, mais de conserver.

Paris, 26 janvier 1839.

BIBLIOTHEQUE ROYALE
I